# SOMMARSKUGGAN
# och kalasbuset

TINA MACKIC
JOHANNA ARPIAINEN

svt BARN
Boken är baserad på Sveriges Television AB/SVT Barns tv-program
rabén&sjögren

Läs mer om Tina Mackic
och Johanna Arpiainen på
rabensjogren.se

Boken är baserad på Sveriges Television AB,
SVT Barns tv-program

svt BARN

MIX
Papper från
ansvarsfulla källor
FSC® C002795
FSC
www.fsc.org


Utgiven av Rabén & Sjögren, Stockholm 2020
Formgivning: Pernilla Qvist
Sättning: Jeannette Wigren
Första upplagan, femte tryckningen
Tryckt hos Livonia Print Ltd, Lettland 2021
ISBN 978-91-29-72514-8

*Rabén & Sjögren ingår i*
*Norstedts Förlagsgrupp AB, grundad 1823*

*VARNING!*
*LÄSES PÅ EGEN RISK…*
*Skugg, skugg, Sommarskuggan,*
*hör vår invit, du är välkommen hit.*
*Men inget bus i vårt hus.*
*Inget skuggslem i vårt hem.*
*Om du oss besöker,*
*kan du hitta vad du söker.*

# KAPITEL 1

– VAR ÄR SOMMARSKUGGAN?

Den rasande rösten ekar genom korridorerna i tv-huset.

Superbusaren är försvunnen igen och alla har fått order att leta. Men kistan finns inte där, den är långt, långt borta. På parkeringen utanför tv-huset står den lilla lastbilen med vidöppna bakdörrar. Lastutrymmet gapar tomt.

– Hur kunde du misslyckas en gång till? Den har ju redan ställt till det för barnen i Kungälv, fortsätter rösten att gorma.

– Men det var inte mitt fel! Dörrarna är gamla och rostiga. Det var säkert ett gupp också. Den måste ha rullat ut …

– Vi får se till att hitta den innan någon annan gör det. Tänk om någon tar på sig dräkten och börjar busa igen!

– Jag ska …

– Du ska ingenting! Från och med nu blir det pappersarbete i arkivet för dig.

*

Samtidigt i staden med utsikt över Danmark …

– Ser du något? undrar Lykke och gömmer sig bakom muren. Hon befinner sig 35 meter upp i luften och hon gillar det inte.

– Nä, ingenting, svarar Isak och spejar med ögat tryckt mot utsiktskikaren.

Lykke och Isak letar också efter Sommarskuggan. Ivrigt har de rabblat den magiska skuggramsa som sägs kunna locka den till sig. Om ramsan funkar kan Sommarskuggan dyka upp när som helst. Det är därför de har klättrat högst upp i det gamla tornet mitt i staden. Härifrån ser man allt! Lykke, som lätt får svindel, sätter sig ner medan Isak spanar.

– Jag undrar hur Sommarskuggan kommer hit,

säger Isak och kollar ut över hamnen. Tror du den kommer med färjan?

– Nä, den kommer väl inte från Danmark?

Lykke rynkar pannan.

Isak vänder kikaren mot stadens knutpunkt.

– Med tåget då? Eller bussen? föreslår han.

– Fast får den plats på ett tåg eller en buss? säger Lykke. Den är ju jättestor.

– Den kanske går då, säger Isak och riktar om kikarsiktet mot en trottoar.

– Då lär det ta ett tag innan den är här så vi kan lika gärna chilla, säger Lykke och knäpper händerna bakom huvudet.

– Men åh, vad tradigt! säger Isak. Hoppas den hinner fram i tid. Mitt skuggkalas är ju i morgon och det skulle vara så coolt om Sommarskuggan kom.

– Med skuggslem som födelsedagspresent då, retas Lykke och spretar med fingrarna precis som Sommarskuggan brukar göra.

Isak ryser i hela kroppen. Allt går bra förutom

just skuggslem! Sommarskuggans svarta slajm är det värsta Isak vet, även om han älskar Sommarskuggan. Egentligen tycker han att alla former av klet är äckligt. Han vet inte varför, det känns bara så himla obehagligt. Speciellt om han skulle få det på sig plötsligt. Skuggslem kan ju komma från ingenstans när man minst anar det. Bara tanken ger honom miljoner rysningar.

Lykke skrattar. Hon älskar skuggslem och har inga problem alls med att bli kladdig.

– Vill du ha en bulle med bulle?

Ur fickan trollar Lykke fram en fralla med en mosad chokladboll i.

– Ja! utbrister Isak, men ångrar sig i samma sekund som han ser hennes smetiga bulle och kladdiga fingrar.

– Oj då, chokladbollen kom visst på sidan, säger Lykke och slickar av sina fingrar, ett i taget.

Hon mumsar i sig moset som klämts ut i kanten. Det gäller att ha rätt mosteknik så att chokladbollen fördelar sig jämnt mellan överdelen och underdelen, men det har aldrig varit Lykkes grej.

– Här, ta! säger hon och sträcker fram den kletiga bullen.

Isak skakar på huvudet. Han ville ju ha bulle med bulle, inte bulle med kladd.

– Har du inget annat? frågar han medan han sveper en gång till med kikaren över stadens omgivningar.

Plötsligt hejdar han sig.

– Jag ser något!

– Va! Är det Sommarskuggan? Lykke är snabbt på fötter.

– Nä, men en kista. Det kanske är skuggkistan.

– Jag får se! säger Lykke och försöker knuffa undan Isak.

– Vänta, nu kommer två personer och bär in den på

leklandet, säger Isak utan att släppa greppet om kikaren.

– Men det är ju där du ska ha ditt födelsedagskalas i morgon …

# KAPITEL 2

Isak trummar med fingrarna mot täcket. Han har legat vaken ett bra tag. Var är mamma någonstans? Hon kan knappast ha glömt att det är hans födelsedag idag. Isak lyssnar efter minsta ljud men det är helt tyst i hela lägenheten. Hon sover säkert fortfarande. Det är bara att ligga kvar och vänta. Han tänker inte kliva upp innan hon kommer och sjunger för honom. Solen strålar in i rummet genom persiennen och Isaks hand gör skuggor på väggen. Han trycker tummarna mot de andra fingrarna.

Två ankor dyker upp på hans gröna tapet och börjar bita varandra.

– Kvack, kvack, viskar han tyst för sig själv.

Isak prövar ett nytt grepp och för samman händerna så att tummarna blir öron och lillfingrarna ett öppet gap.

– Voff, voff! skäller hunden på väggen.

Jag undrar om jag kan göra Sommarskuggan, funderar Isak och försöker forma fingrarna till en avlång figur med två spetsiga öron. Han trasslar runt med händerna och till slut dyker den upp på väggen. Den sveper långsamt runt, precis som den riktiga Sommarskuggan brukar göra.

– Hoppas vi ses idag, viskar Isak.

I samma ögonblick hör han ljud utanför dörren.

*Boom!*

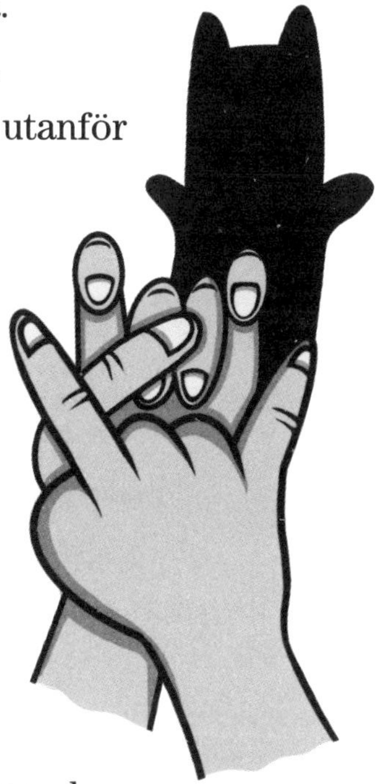

Något trillade på golvet ute i hallen. Hon är vaken, tänker Isak och kryper snabbt ner under täcket. Han blundar och låtsas att han fortfarande sover. Golvet i hallen knarrar. Men det är något som inte stämmer. Isak viker ner täcket och spetsar öronen. Han känner inte igen stegen. Korta, långsamma, liksom släpande steg. Så brukar inte hans mamma låta. Det måste vara någon annan. Isak håller andan för att höra ordentligt. Någon hasar sig fram. Isak kan bara komma på en som skulle kunna låta just så: Sommarskuggan.

De släpande stegen kommer närmare. Precis utanför Isaks dörr stannar de tvärt. Det blir helt tyst. Blixtsnabbt sätter sig Isak upp i sängen. Han drar täcket mot hakan och stirrar på dörren. Den som står på andra sidan tar tag i handtaget och trycker långsamt ner det. Den är på väg in till hans rum. Isak drar ett djupt andetag. Är det nu det händer? Är det nu Sommarskuggan kommer …

– *Jag gratulerar! Jag gratulerar! Jag gratulerar min kära Isak idag …*

Isaks mamma sticker in huvudet med en slarvig tofs högst upp. Med båda händerna håller hon en frukostbricka med paket och ett tänt ljus.

– Mamma! utbrister Isak, fortfarande skakig.

– Grattis älskling! säger hon och ställer ner brickan på sängen. Är du redan vaken?

Isaks mamma ger honom en varm födelsedagskram och en stor blöt puss på kinden.

– Jag trodde du var Sommarskuggan, lyckas Isak till slut få fram. Jag hörde några släpande steg …

– Det måste vara mina nya tofflor, säger mamma och slänger upp foten så att tofflan far iväg över hela rummet. Oj då, de är nog lite för stora.

Isak andas ut. Men någonstans innerst inne är han också besviken. Han vill ju trots allt träffa Sommarskuggan, även om den kan vara lite läskig.

– Men vem vet, säger Isaks mamma. Den där skuggramsan du och Lykke hittade kanske funkar. Tänk om Sommarskuggan dyker upp på ditt kalas idag.

– Jag hoppas det, säger Isak.

Så övergår han till att intressera sig för paketet som hans mamma håller i. Det har Sommarskuggans färger: svart papper med gula och vita snören.

– Jag vet att du inte tycker om mjuka paket, säger Isaks mamma, men det här tror jag att du kommer att gilla.

Hon räcker fram paketet och Isak river av presentpapperet i ett nafs. Han rafsar fram en tröja och hinner nästan bli besviken, men så ser han att det inte är vilken tröja som helst utan världens coolaste Sommarskuggan-tröja som hans mamma gjort själv. Hon är verkligen en mästare på att sy och pyssla.

– Den tröjan finns inte att köpa någonstans, säger hon. Det är bara du i hela världen som har en sådan.

Isak drar den genast över huvudet och beundrar sig själv i spegeln. En alldeles unik skuggtröja – den ska han ha på sig idag!

– Du förresten, vi måste åka in till leklandet lite tidigare, säger Isaks mamma. Jag vill vara helt säker på att de har koll på alla allergier. Det är ju både jordnötter och gluten, och så var det väl någon vegan också?

Medan Isaks mamma dubbelkollar allergianteckningarna kastar sig Isak på telefonen och ringer Lykke. Hon måste följa med så att de kan

FCM

leta igenom hela leklandet innan skuggkalaset börjar. Han minns kistan han såg igår. Tänk om Sommarskuggan är där.

# KAPITEL 3

Isaks mamma svänger in på parkeringen vid leklandet. I baksätet sitter Isak och Lykke och trycker näsorna mot var sin bilruta. De spanar efter minsta lilla skuggtecken. Isak ser något svart och kladdigt i blomrabatten.

– Euuuw, säger han och pressar upp axlarna mot öronen.

Lykke vänder sig hastigt om och skuffar undan en träningsväska för att komma närmare Isak. Hon vill se vad han har upptäckt.

– Fast det är bara lite blöt jord, säger hon och klappar honom på axeln.

Och det är det konstigaste Isak och Lykke ser på parkeringen.

Isaks mamma hittar en plats nära ingången. I samma ögonblick som hon stänger av motorn slår Isak och Lykke upp bildörrarna. De störtar fram till entrédörren, rycker upp den och skuttar in. De sparkar av sig skorna och kastar in jackorna i garderoben. Sedan hejdar de sig.

– Det är ju ingen här, säger Isak och ser sig omkring.

– Hallå? ropar Lykke och ringer i klockan vid kassan.

Leklandet verkar helt tomt.

– De håller säkert på och fixar med ditt kalas, säger Lykke.

– Ja, så är det nog, säger Isak. Får vi gå in och kolla runt lite, tror du?

– Det kan väl inte göra något.

Isak och Lykke går in i själva leklandet, först

tveksamt men snart börjar de ivrigt testa alla hoppborgar och klätterställningar. Alla tunnlar, nät, klätterväggar och rutschkanor känns nästan lite kusliga utan det vanliga stojet.

Isak greppar tag om klätterstenarna på Tornet, leklandets högsta rutschkana.

– Ska du med upp? frågar han.

Lykke tittar upp mot toppen och ryser hela vägen från huvudet och ända ner i tårna. Det är inte hennes favorit, precis.

– Jag testar, säger hon. Men du först.

Isak klättrar upp längs tornet, lika lätt som Spindelmannen. Lykke kommer efter, ett steg och ett andetag i taget.

– Inte titta ner, inte titta ner, upprepar hon hela tiden för sig själv.

Till slut är hon uppe. Lykke sätter sig så långt in mot väggen det bara går innan hon spanar ut över den stora lokalen. Här uppifrån får man en bra överblick.

– Vad grym du är, Lykke! Du fixade det! peppar

PERSONAL
Café
RECEPTION
TOALETTER
LEKLANDET

Isak och gör en high five med henne så det smäller.

– Det var faktiskt inte så farligt, erkänner hon. Okej, ser du något, eller?

Isak står vid kanten och lutar sig mot räcket. Han spanar ut över hela lokalen.

– Nej, svarar Isak, inte något särskilt. Det är så mycket grejer här inne. Sommarskuggan skulle kunna gömma sig precis var som helst.

– Där då, säger Lykke och pekar bort mot kalasrummen, rörde sig inte något där borta?

– Vi åker ner och kollar, säger Isak och sätter sig på kanten till rutschkanan. Är du med?

Så snart Isak har landat på mattan kryper Lykke fram. Det känns långt ner till golvet och rutschkanan är brant. Men det är enda sättet att ta sig ner, så hon hasar sig fram mot stupet. Sedan blundar hon, släpper taget och gör sig beredd att dö.

– Puh! Jag överlevde! flåsar Lykke så snart hon landar på den mjuka mattan.

Men Isak har redan hunnit galoppera bort mot kalasrummen och Lykke följer efter. Alla dörrar har skyltar och på en av dem står det ”Sommarskuggans gömställe”.

– Vi kollar där inne, säger Isak.

I samma sekund som han tar tag i handtaget flyger dörren upp med en väldig kraft. Den träffar dem nästan på näsan. Ut störtar en lång och gänglig kille med värsta kalufsen. Han ser överrumplad ut och drar snabbt igen dörren bakom sig.

– Oj, vad gör ni här? Kalaset börjar inte förrän om en stund. Det är jag som är kalasvärden. Samir, heter jag.

– Vi vill bara kolla vad som finns där inne, säger Lykke.

– Fast det går absolut inte, säger Samir, medan han hostar och fingrar nervöst på rosetten på bröstet. Rummet är inte klart än, och dessutom måste jag flytta på min överraskning innan ni får gå in, förklarar han och försöker samtidigt snygga till frisyren lite.

– Överraskning? säger Isak och smäller ihop händerna. Vadå för överraskning?

– Det får ni se. Samir ler lurigt.

Han plockar fram en nyckelknippa och låser rummet efter sig.

– Seså, nu får ni gå och göra något annat så att jag kan jobba ifred, säger han och föser Lykke och Isak mot klätterställningarna innan han försvinner mot pentryt.

*Bank bank bank!*

– Hörde du? säger Isak och spetsar öronen.

Lykke nickar.

*Bank bank bank!*

Ljudet studsar mellan klätterväggarna. De ser sig omkring för att få reda på vad eller vem som bankar. Allt är stilla.

*Bank bank bank!*

Sedan hörs ett tjut som får blodet att frysa till is i ådrorna.

Lycke tar tveksamt ett steg tillbaka mot den stängda dörren.

– Det kanske är Sommarskuggan, säger hon.

SOMMARSKUGGANS
GÖMSTÄLLE

# KAPITEL 4

*Bank bank bank!*

– Aj!

Snickaren Rio suger på tummen som just åkt på däng av hammaren. Så slår hon in sista spiken på sitt nya hemliga bygge.

*Bank bank bank.*

– Barnen kommer bli helt tossiga när de upptäcker vad som finns här bakom, säger hon högt för sig själv på bredaste skånska. Om de nu fattar att det är en lönndörr!

Rio drar igen en rund lucka så att den smälter samman med den stora målningen. Ett hav av bollar i olika storlekar och färger pryder väggen. Bara den som kommer riktigt nära ser att en av bollarna går att öppna. Och innanför finns en hemlig rutschkana som leder rakt in i väggen.

– Jag måste nog teståka den en gång till, säger

Rio och tar en klunk vatten ur sin flamingoflaska.

Hon drar i den lilla handtagsknoppen och kliver in i hålet, sätter sig och åker sedan rakt ner i mörkret. Rutschkanan är snabb, snirklig och helt becksvart. Rio tjuter av skratt när hon svischar och virvlar fram genom alla svängar. Efter vad som känns som en evighet ser hon till slut ljuset, och i nästa sekund faller hon rakt ner i ett svart bollhav, omgärdat av säkerhetsnät.

– WOW! Isak och Lykke tittar storögt på Rio från utsidan av nätet.

– Är det en ny rutschkana? undrar Isak.

Både han och Lykke har varit på leklandet flera gånger och känner inte igen den.

Rio tumlar runt i bollhavet.

– Mög också! Va? Ja! Eller nej! Ni får inte titta hitåt! säger hon och flaxar vilt med armarna och fötterna så att bollarna flyger åt alla möjliga håll.

– Men hur ska du komma ut? undrar Lykke.

Nätet runt bollhavet ser inte ut att ha någon utgång.

– Och var finns ingången till rutschkanan? undrar Isak och kollar efter ett hål i väggen. Den där skulle jag vilja pröva.

Rio fortsätter att flaxa. Stora svettfläckar växer fram under armarna på hennes flamingotröja.

– Nej, inga fler frågor! Ni har inte sett något. Blunda! Ni får inte se min överraskning!

Allt som dinglar i Rios öron klirrar när hon skakar på huvudet.

– Vad är det med henne? viskar Isak till Lykke. Vi har ju redan sett den.

Plötsligt greppar Lykke tag om Isaks arm.

– Såg du? Det var något svart där borta vid den andra rutschkanan. Kom!

Lykke drar Isak åt det håll som det svarta försvann. Det syns inte längre men måste vara kvar bakom rutschkanan för både Lykke och Isak hör hur det prasslar. Rio har de redan glömt.

# KAPITEL 5

Isak och Lykke tassar fram till rutschkanan. Något döljer sig bakom den. De lutar sig försiktigt över kanten för att se vad som prasslar, men rutschkanan är för bred.

– Vi måste ta oss runt, viskar Isak.

– Men hur ska vi göra det utan att bli upptäckta, viskar Lykke tillbaka.

– Vi tar en sådan där!

Isak pekar mot några stora hoppbollar i glada färger.

Lykke nickar och gör tummen upp. De tassar fram och tar var sin jätteboll. Hopkrupna bakom sina bollar börjar de rulla dem framåt mot prasslet.

De rullar så nära de kan. Där stannar de och sticker försiktigt upp sina huvuden bakom bollarna. De ser bara en böjd rygg. Någon försöker gömma en sprängfylld svart sopsäck inne i en

kryptunnel. Någon med en slarvig tofs mitt på huvudet …

– Mamma! utbrister Isak och reser sig upp bakom sin rödrandiga boll.

– Åh! flämtar Isaks mamma och slår huvudet i rutschkanan. Jag såg inte att ni var här …

– Vad gör du? frågar Isak. Skulle inte du kolla maten?

– Eh, jo …, säger Isaks mamma och flackar med

blicken. Jag har redan pratat med Samir. Han har stenkoll på allt!

Hon ställer sig framför sopsäcken som om hon försöker dölja den.

– Vad är det i påsen? undrar Lykke.

– Påsen? fnissar Isaks mamma nervöst. Eh, du menar den här? Ja ... hehe. Det är bara en liten överraskning.

– Vadå för överraskning? säger Isak och sträcker på sig som en surikat på spaning.

– Det får du se sedan ..., säger Isaks mamma och blinkar med ena ögat. Hon drar i sina byxor som håller på att ramla ner och fäster upp dem med en säkerhetsnål. Så fortsätter hon: Nu måste jag gömma den på ett annat ställe eftersom ni kom på mig. Pentryt kanske ... Vi ses om en liten stund.

Hon drar fram den svarta sopsäcken igen och går iväg på jakt efter ett nytt gömställe.

Isak suckar besviket. Han hade hoppats på att det var Sommarskuggan som prasslade med något och inte hans mamma.

– Den där skuggramsan är bara fejk, säger han och sparkar till jättebollen.

– Antagligen, säger Lykke och lägger ena armen om Isak.

Hon följer bollen med blicken när den rullar in mot väggen.

– Eller …

Lykke har plötsligt fått syn på något väldigt intressant som står längst inne i ett hörn. En väldigt bekant träkista.

# KAPITEL 6

– Tror du det är den riktiga skuggkistan? frågar Lykke och försöker kika in genom nyckelhålet.

– Det ser i alla fall ut som den, säger Isak och känner på de gamla beslagen.

Lykke och Isak undersöker träkistan noggrant. Om någon har koll på skuggkistan så är det Isak. Han har nämligen sett den på riktigt. Förra sommaren blev han utsedd till skuggkistvakt en dag på *Sommarlov*. Han satt i publiken när han fick frågan om han ville vakta kistan under programmet. Det ville han. Det var det mest pirriga han gjort någonsin! Han visste aldrig om det var för att han var nervös eller för att skuggdräkten kanske kallade på honom. Men allting gick bra. Skuggdräkten låg kvar i kistan medan han vaktade den.

– Hur vet vi att det inte bara är en kopia, undrar Lykke. Du har ju ändå ett skuggkalas idag.

– Jag kan känna efter, säger Isak och kravlar sig upp på locket.

Lykke hjälper till och trycker upp hans rumpa. Isak sätter sig på locket och intar sin gamla kistvaktposition. Han tänker tillbaka på hur det var förra sommaren. Hur han krafsade med nageln i en skåra på höger sida. Han känner efter. Skåran är där!

– Det måste vara den riktiga kistan, säger Isak. Jag är nästan helt säker.

– Ja! Vi öppnar den, säger Lykke och drar ner Isak från kistan.

– Skuggdräkten kanske ligger inuti.

De känner på det tunga kistlocket och det går faktiskt att rucka på.

– Den är olåst, säger Isak, och hoppet om att få se Sommarskuggan tänds återigen i hans ögon.

De ställer sig på var sin sida om kistan och tar i tillsammans.

*Ett... två... tre!*

Isak och Lykke pressar upp kistlocket med all sin kraft och lutar det försiktigt mot väggen. Sedan böjer de sig över kistan och kikar ner i den.

– Men va! säger Lykke snopet. Den är ju tom... Eller ja, förutom den här då.

Det ligger något som ser ut som rosa plastskräp i botten. Lykke dyker ner med ena handen och fiskar upp ett lock av

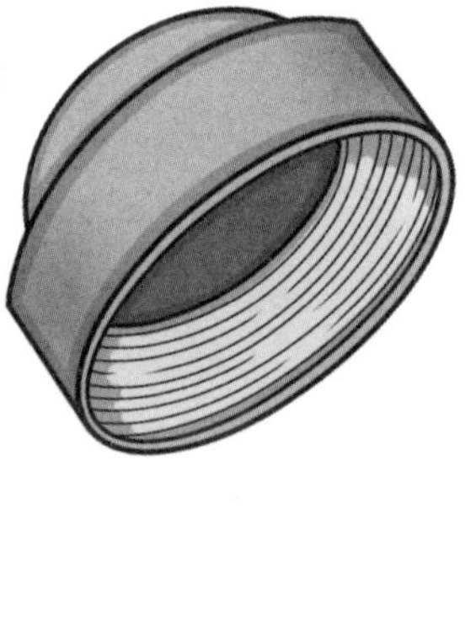

något slag. Hoppet i Isaks ögon släcks.

– Då var det kanske bara en kopia, suckar han.

– Ja, det var det nog, säger Lykke.

Hon hoppar till när hon ser klockan på väggen.

– Kom, vi måste skynda oss! Ditt skuggkalas börjar nu!

Lykke och Isak stänger kistan och springer mot entrén där ett tiotal barn redan har samlats.

Skuggdräkten, den som ska ligga i kistan, har redan lockat till sig någon. Snart kommer den personen att ta på sig dräkten, och då bryter kaoset ut.

# KAPITEL 7

– Välkomna till leklandet! Jag heter Samir och det är jag som är er kalasvärd idag. Ni ska vara glada att ni fick just mig, för kolla vad jag har!

Samir sträcker på sig så att alla kan se rosetten som han har fäst på tröjan.

– Jag har blivit utsedd till månadens medarbetare, woop woop, säger han och slår sig själv för bröstet. En applåd på det, eller?

Isak och hans kompisar gör som de blir tillsagda och klappar händerna.

– Tack, ni är för snälla, säger Samir. Förresten, vi har också någon som fyller år idag. Grattis Isak!

– GRATTIS! ropar alla kompisar i kör.

Sedan hurras och tjoas det. Alla ger sina presenter till Isak, som balanserar dem i famnen.

– Ja, ja, det räcker nu! Sssch, säger Samir och viftar neråt med händerna. Jag har fixat värsta

skuggkalaset till er idag. Vänta bara tills ni får se min överraskning – ni kommer att älska mig!

Isak och hans kompisar studsar av förväntan.

– Rio, vår snickare, har också en överraskning som kommer senare. Men innan vi drar igång vill jag bara påminna om strumporna. Har alla strumpor på sig?

– JA! ropar alla i kör och håller upp var sin strumpfot i luften.

– En annan viktig sak, fortsätter Samir. Inget räligt kladd ute i leklandet. De må vara ett skuggkalas men vi äter i kalasrummet och allt skuggslajm är helt förbjudet.

– Skugg*slem*! rättar Lykke.

– Förlåt, skugg*slem*, säger Samir. Det är förbjudet!

Isak ryser bara han tänker på det, men pustar samtidigt ut. Skönt att kalaset är skuggslemfritt.

– Då så! säger Samir. Följ efter mig så ska jag visa er till Sommarskurkens gömställe.

– Sommar*skuggan*, rättar barnen i kör.

– Ja, jag sa väl det: Sommar*skuggans* gömställe, säger Samir. Häng med!

Samir tar täten in i korridoren med kalasrum. Isak, Lykke och alla kompisar tågar efter. Samir låser upp dörren och lägger handen på handtaget.

– Varsågoda och kliv in, säger han och öppnar.

Wow! Ett sus hörs från hela kalasgruppen. Ingen har någonsin sett så många Sommarskuggor förut.

Nu kan kalaset börja.

KETCHUP

# KAPITEL 8

– Mmm, svart saft, sörplar Isak högljutt från den skuggiga tronen.

– Ska du inte öppna paketen snart? undrar Povel.

– Det gör jag till tårtan, svarar Isak.

Runt honom sitter alla kompisar och äter korv med bröd.

– Mums, svart ketchup, säger Lykke och sprutar på extra mycket bara för att.

Hälften rinner ner på sidan av brödet så att Lykke blir alldeles kladdig om fingrarna, och lite hamnar på bordet också.

– Här! Isak sträcker snabbt fram en skuggservett innan Lykkes fingrar hinner kladda ner något mer.

– Jag gnuggade in fem stycken, säger Leo och visar upp sina skuggtatueringar på båda armarna.

– Gah! Min har redan halkat av, säger Naima och hoppar upp för att göra en ny.

Skuggkalaset är i full gång! Alla smaskar i sig korv och gnuggar tatueringar. Plötsligt sticker Rio in huvudet och undrar hur långt de har kommit. Hennes överraskning väntar ute i leklandet och hon kan knappt bärga sig tills alla får se den.

Strax efteråt dyker Isaks mamma upp för att se hur det går för barnen inne i kalasrummet. Hon har också en överraskning som väntar ute i leklandet och slinker diskret ut för att förbereda sig.

– När kommer din överraskning? frågar Isak och tittar på Samir.

Samir är just i färd med att ta en selfie när han inser att alla tittar på honom.

– Jaha! säger Samir och lägger undan mobilen. Det beror på om ni har ätit upp.

Alla kalasgäster nickar. Alba avfyrar till och med en rap.

– Då kommer min överraskning alldeles snart, säger Samir med lurig blick. Men jag måste gå och förbereda den först. Under tiden kan ni leka ute i leklandet.

– JA! ropar alla barn och kastar upp sina skuggservetter i luften.

De springer ut till leklandet och prövar varenda lian de kan hitta.

– Kom igen!

– Snabbare!

– Här! Jag hjälper dig!

– Snygg volt!

– Iiii!

Alla barnen klättrar, kryper, svingar och studsar sig fram. Förutom Isak och Lykke, som letar efter ingången till Rios rutschkana. De undersöker vartenda litet skrymsle men hittar den ingenstans, trots att de passerar de målade bollarna flera gånger.

Mitt bland alla barn, rutschkanor, klätterställningar, studsmattor och bollhav pågår samtidigt något helt annat. En mystisk, lång, svart filur med gula ögon och spretiga fingrar har dykt upp. Den lurar och smyger runt i det tysta. Även om den är väldigt stor är det ingen som lägger märke till den. Den håller sig i bakgrunden, gömmer sig och är redo för bus.

# KAPITEL 9

– Jag fattar inte …, säger Isak och kliar sig i huvudet. Var finns hennes rutschkana någonstans?

Isak och Lykke sveper med fingrarna över lek-kartan. De hittar Tornet, Hala Ålen, Snirkliga Snoken, Krokiga Krokodilen och Tigersvansen, men ingenstans finns Rios rutschkana. Inte ens det svarta bollhavet nedanför är med på kartan.

– De har väl inte hunnit göra en ny karta än, säger Lykke och rycker på axlarna.

– Så måste det vara, säger Isak. Om den inte är hemlig med flit. Den är ju en överraskning.

– Det är kanske lika bra att vi inte hittar den, säger Lykke. Man kan ju ändå inte komma ut därifrån.

– Just ja, säger Isak. Rio har inte gjort någon utgång ännu.

– Isak och Lykke, KOM! ropar plötsligt Povel

precis ovanför dem. Vi ska köra tunnelrace och behöver två till!

Isak tittar på Lykke. Lykke tittar noga hur högt det är.

Efter några sekunders tvekan säger de ”ja” exakt samtidigt, och klättrar snabbt upp för den mjuka trappan till startpositionen. Där möts de av Alba, som älskar att tävla.

– Jag kommer att vinna! Mina byxor har bäst glid, säger hon och klappar på sina zebrarandiga fleecebyxor.

– Nähä! Jag ska vinna, säger Isak och drar åt snöret på träningsbyxorna han har på sig.

– Vi får väl se, säger Lykke och drar koncentrerat upp sina tights.

– Åh nej, varför tog jag jeans! suckar Povel och slår sig för pannan. Det kommer att gå sämst för mig.

Alla fyra sätter sig bredvid varandra i var sin rutschkana. De rättar till sina byxor och säger sedan i kör:

– Klara … färdiga … gå!

Lykke slänger sig ut i sin tunnel och rasar ner i full fart. Raklång, på rygg och med händerna på bröstet glider hon fram genom den raka och branta rutschkanan. Efter några sekunder kommer hon i mål, max en hundradel efter Isak.

– Jaaa! ropar Lykke och lyfter händerna i luften. Jag vann!

– Fast jag var lite före, säger Isak och gör segertecken.

– Nä, jag var först, säger Alba och segerdansar.

Plötsligt kastar Alba en blick mot den fjärde rutschkanan och slutar omedelbart att dansa. Det är något som inte stämmer.

– Hallå, var är Povel någonstans? utbrister hon och pekar mot Povels rutschkana.

– Han har i alla fall inte kommit ner, säger Lykke.

– Va!? säger Isak och kravlar över från sin sida.

De går fram till Povels rutschkana och tittar in i den. Sikten är skymd av en krök så de ser bara sista biten. De sticker in huvudena för att se förbi kröken men ser bara tomt mörker. Povel syns inte till. Lykke och Isak får båda en klump i magen.

– Men åkte han ens ner? frågar Isak.

– Ja, det gjorde han! säger Alba stensäkert. Han åkte till och med lite före mig, jag såg att han tjuvstartade.

Klumpen i magen växer.

– Povel? ropar Isak med skakig röst.

Sedan hör de honom inne i rutschkanan.

– Hjäääälp! Jag sitter fast ..., ekar Povels röst.

– Vadå sitter fast? säger Lykke.

– Jag tror det är klister i rutschkanan, svarar han burkigt.

– Klister! utbrister Isak och ryser.

– Vi måste klättra upp och hjälpa honom, säger Lykke och knuffar på Isak.

Isak stretar emot.

– Alltså, det finns kletigt klister där inne, säger han och skakar på huvudet. Jag kan inte.

– Okej, då gör jag det, säger Lykke och tar av sig strumporna.

Lykke kryper in i rutschkanans mörka tunnelhål. Hon trycker händer och fötter mot väggarna och börjar långsamt klättra uppåt som en spindel. Försiktigt känner hon sig fram så att hon inte rör vid något kletigt och fastnar själv. Hon stöter inte på något. Puh! Lykke klarar sig. Till slut ser hon konturerna av Povel. Han sitter som en propp, mitt i den brantaste delen, och vickar på rumpan.

– Lykke! pustar Povel. Vad skönt att du är här.

– Jag ska hjälpa dig, säger Lykke och tar tag i Povels fötter.

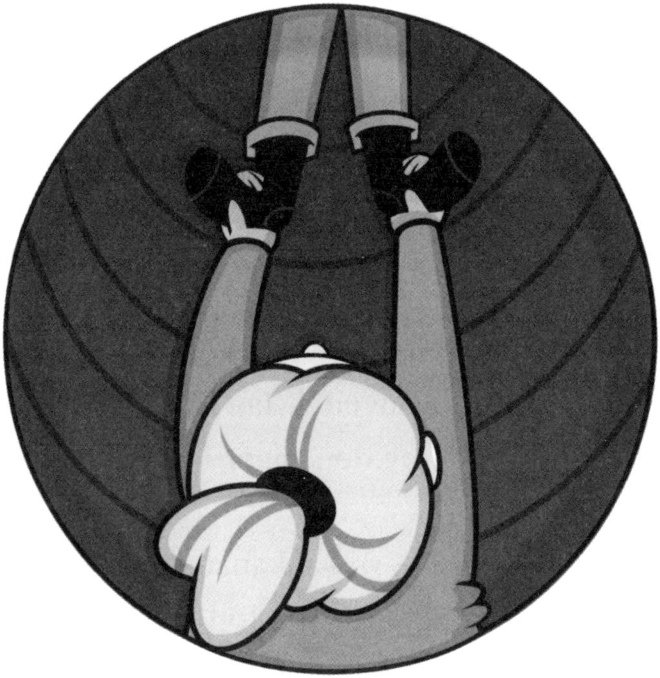

Hon drar allt vad hon kan men Povel rör sig inte en millimeter. Han sitter verkligen fast.

– Vad är det du sitter fast i egentligen? stånkar Lykke.

– Jag vet inte, säger Povel olyckligt. Det är något svart och kladdigt.

Lykke hajar till och slutar rycka.

– Kan du ta av dig byxorna? undrar hon.

– Det går inte, säger Povel generat. Det har typ gått igenom. Jag är helt blöt på rumpan.

– Aj då, säger Lykke och pressar ihop läpparna. Vi måste nog hämta en vuxen.

– Ja, gör det, snälla, säger Povel. Men skynda dig! Jag behöver gå på toa.

– Jag är snart tillbaka!

Lykke släpper taget om Povels fötter och glider ner till Isak och Alba som väntar nedanför.

När hon kommer ner och ut i ljuset ser hon något som får henne att glömma Povel. Isak håller i ett skuggbrev.

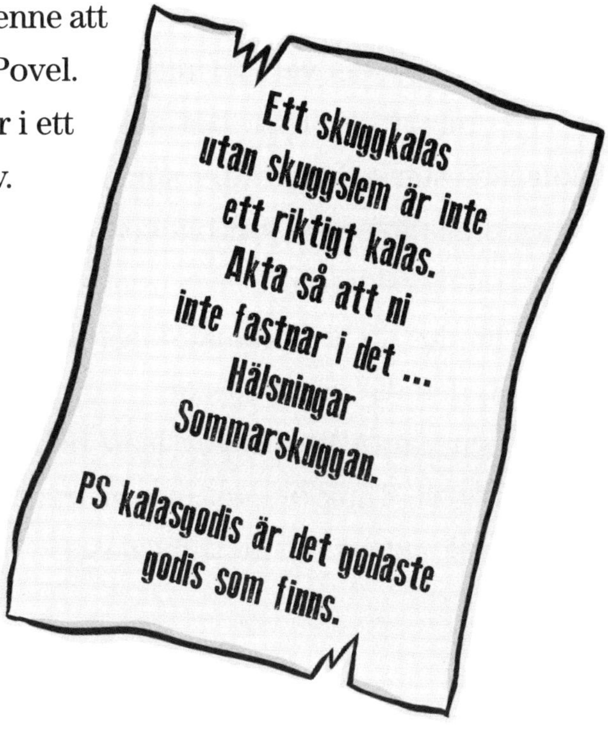

# KAPITEL 10

– Sommarskuggan är här! utbrister Isak och viftar med skuggbrevet.

Alba stirrar på honom. Vilket kalas!

– Det förklarar varför Povel sitter fast i rutschkanan, säger Lykke och slår ut med armarna. Han har fastnat i *skuggslem*!

Isak skälver till och ser sig omkring. Att skuggslem är kletigt, det vet han, men att man kan fastna i det är något helt nytt. Det måste vara Sommarskuggans starka buskrafter som ligger bakom.

Lykke spänner också blicken och spanar runt efter Sommarskuggan. Den syns inte till någonstans.

– Om det nu är Sommarskuggan, varför har vi inte sett den då? säger Lykke.

– Men vänta lite, säger Isak och håller upp skuggbrevet. Tänk om det inte är från den riktiga Sommarskuggan utan hör till kalaset!

– Vem skulle ha skrivit det då? frågar Lykke.

– Samir kanske, säger Isak. Han skulle ju gå och förbereda något.

– Fast han sa själv att det är förbjudet med skuggslem, säger Lykke. Varför skulle han bryta mot sina egna regler?

– Det kanske är det som är överraskningen, säger Isak.

– Men Samir hade ju ingen koll alls på Sommarskuggan, invänder Alba.

– Och det där ser faktiskt ut som ett riktigt skuggbrev, fortsätter Lykke.

Isak kliar sig i huvudet.

– Det kanske är din mamma som skrivit det, säger Lykke. Hon kan ju allt om Sommarskuggan.

– Fast mammas överraskning fanns i den svarta sopsäcken, säger Isak. Den var mjuk och lätt. Skuggslem är tungt.

– Rio då? säger Lykke.

– Hennes överraskning var ju den nya rutschkanan. Och den leder till det svarta bollhavet, säger Isak. Det gör inte den här.

– Åh! suckar Lykke. Vem är det då?

– Det står att den tycker om kalasgodis, säger Isak fundersamt och pekar på skuggbrevet. Vi kanske ska kolla fiskdammen!

Medan Alba stannar med Povel springer Isak och Lykke tillbaka mot kalasrummen. I en avdelning finns en riktig fiskdamm där man i slutet av varje kalas får fiska upp en godispåse.

När Isak och Lykke närmar sig bassängen åker hakorna nästan ner i golvet. De stirrar på den lilla inomhusdammen och på de små båtarna som brukar vara lastade med godispåsar. Båtarna åker inte runt med godis utan med …

– SKUGGSLEM! vrålar Lykke och Isak samtidigt.

Isak backar ett par steg medan Lykke kliver närmare och lutar sig över kanten.

– Men vadå, säger Lykke. Är det här också en av överraskningarna?

– Jag vet inte, säger Isak och nyper sig i ena kinden. Det är något skumt med det här.

Isak och Lykke står tysta och funderar, samtidigt som de stirrar på båtarna som guppar runt. Därför märker de inte att ett par svarta handskar trevar sig fram vid dörrkarmen. Inte heller att Sommarskuggan försiktigt kikar fram.

– Vad är det där? säger Lykke och pekar ner i vattnet.

På botten ligger något och blänker. Lykke och Isak tar var sitt fiskespö och försöker få upp det tillsammans.

– En säkerhetsnål! säger Lykke och torkar av den med tröjan. Vad gjorde den i fiskdammen?

– Det kanske är en skuggledtråd, föreslår Isak.

– Men hallå! Jag har sett en säkerhetsnål någonstans. Om jag bara kunde komma ihåg var ..., funderar Lykke högt.

Isak och Lykke tittar närmare på säkerhetsnålen. Samtidigt, bara ett par meter därifrån, stirrar ett par gula ögon på dem.

FISKEDAMMEN

# KAPITEL 11

– Hjääälp, vrålar Alba högt ute i leklandet.

Isak och Lykke vänder sig om och rusar. De ser inte hur nära Sommarskuggan de är – den hade kunnat sätta krokben för dem om den hade velat. Nu kutar de allt vad de kan för att rädda Alba. Det måste ha hänt något riktigt allvarligt med tanke på hennes vrål. Men när de kommer fram står hon bara och väntar på dem.

– Vad du skrek, flåsar Isak. Vi trodde att något hade hänt.

– Men det har det! snyftar Alba. Kolla!

Hon pekar ner mot sin kladdiga fot. Hon har trampat i skuggslem.

– Gah! säger Isak och flyger snabbt upp i en klätterställning.

Han skannar av golvet efter mer skuggslem.

– Åh nej, inte du också! säger Lykke och tar sig för pannan. Kan du lyfta på foten?

Alba skakar på huvudet.

– Det är som klister, säger hon.

Lykke drar i Albas ben, men hela foten sitter fast stenhårt.

– Strumpan då? frågar Lykke. Kan du få av den?

Alba skakar på huvudet.

– Det har läckt igenom, säger hon.

Då hörs plötsligt ett nytt vrål.

– HJÄÄÄLP!

Och ett till.

– HJÄÄÄLP!!!

Skriken ekar från olika delar av leklandet.

– NEEEJ!

Ett efter ett fastnar barnen i skuggslem. Någon sitter fast med händerna i en klätterställning. En annan med fötterna på en studsmatta. En tredje får inte av en gummiring. Flera har fastnat med rumporna i olika rutschkanor.

– Jag måste kissa! ropar Povel borta från sin rutschkana.

Vilket kaos-kalas! Alla Isaks kompisar behöver hjälp. Isak och Lykke är de enda som inte sitter fast.

– Jag vill inte ha fler överraskningar! säger Isak. Vi måste leta reda på mamma.

– Jag springer hitåt, så springer du ditåt, säger Lykke och pekar.

Isak och Lykke rusar iväg åt var sitt håll. De letar på toaletten, i cafeterian, i garderoben, i pentryt, i butiken och i själva kalasrummet, men de hittar varken Samir, Rio eller Isaks mamma. Alla vuxna är försvunna.

– MAMMA! ropar Isak så högt att det ekar i hela leklandet.

Då ser han något på golvet. Utanför en stängd dörr ligger en hopskrynklad svart sopsäck. Isak plockar upp den och tittar i den. Den är helt tom. Han läser skylten på dörren: ”Personal”.

– Borta! flåsar Lykke som kommer springande. De är helt borta!

Isak håller upp sopsäcken mot Lykke.

– Kolla vad jag hittade, säger han.

– Din mammas påse! utbrister Lykke.

– Ja … men hennes överraskning är inte kvar, säger Isak och vänder ut och in på säcken.

– Jag förstår inte, säger Lykke och slår ut med armarna. Var är de någonstans?

– De måste vara här inne, säger Isak och känner

på handtaget men dörren är låst. Vi måste hitta nyckeln.

Lykke vänder sig om och suckar uppgivet.

Plötsligt sväljer hon hårt.

– Jag vet vem som har nyckeln, säger hon sammanbitet.

– Vem då? säger Isak och tittar åt samma håll som Lykke.

Då ser han. Långt inne i leklandet, bakom en massa nät, klätterrep och rutschkanor, står någon med gula ögon, morrhår och mustasch. Någon som tittar rakt mot dem.

– Det är inte sant! säger Isak och gnuggar sina ögon. Är det verkligen ...?

Jodå. Den stora superbusaren står mitt framför dem och dinglar med en nyckel i handen. Men det är inte det enda Sommarskuggan har lagt beslag på. I andra handen håller den en nätpåse. Isak ser precis vad det är i den.

– Mina paket! säger han.

# KAPITEL 12

– EFTER DEN! ropar Isak och springer mot Sommarskuggan med Lykke tätt efter sig.

De girar i gångar, hoppar över bollar, tråcklar sig genom flera nät och tunnlar. Varje gång de tror att de är ikapp är den borta. Plötsligt är Isak och Lykke tillbaka vid det svarta bollhavet igen.

– Åh nej! frustar Isak och lutar sig mot nätet som ska hålla bollarna på plats. Den kom undan.

Lykke andas lika häftigt.

– Skuggramsan funkade! flämtar hon. Sommarskuggan är här!

– Då var det den riktiga skuggkistan, säger Isak. Jag visste det!

– Men vänta! säger Lykke och håller upp händerna. Då är det här kanske en skuggledtråd ändå.

Lykke sträcker fram locket de hittade i skuggkistan.

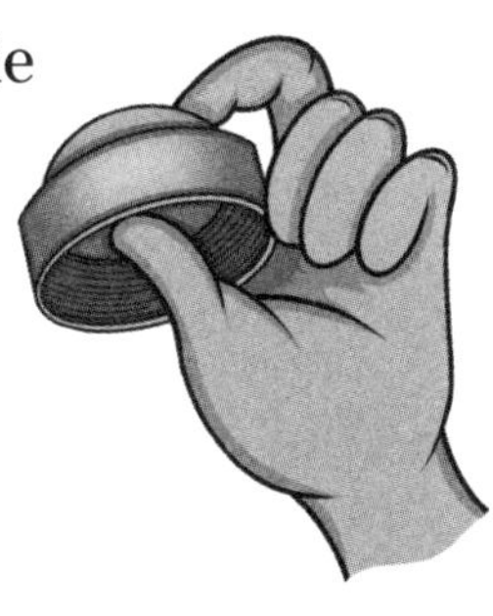

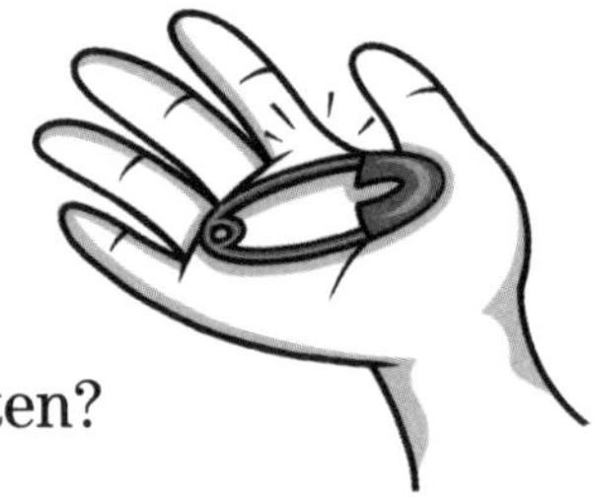

– Den här också, säger Isak och håller upp säkerhetsnålen.

– Vem är det då som är i dräkten? säger Lykke.

Isak funderar.

– Någon som inte är här just nu och som hade en överraskning till skuggkalaset, säger han. Samir, Rio eller … mamma.

– Såklart, säger Lykke. Två av dem är inlåsta i personalrummet och den tredje är i dräkten.

*Riiiing, riiiiing!*

De ser sig omkring. Ljudet kommer från en telefon som hänger i nätet.

– Svara! säger Lykke och buffar till Isak. Det kanske är din mamma som ringer från personalrummet.

Isak lyfter på luren och sätter på högtalarljudet.

– Hallå? svarar han ivrigt.

– Hej! Jag ringer från SVT Barn och vi letar efter en skuggbuse vid namn Sommarskuggan. Har ni sett den?

– Den är här!

Isak och Lykke pratar i munnen på varandra.

– Fast den gömmer sig någonstans ...

– Hallå! Ni måste hjälpa oss! Alla sitter fast i skuggslem.

– Det är inget vanligt skuggslem. Det är som klister!

– Den har tagit allt godis och mina paket också!

– Och nyckeln. De kommer inte ut!

– Kom fort! Sommarskuggan kommer att skuggslemma allt!

– Oj oj oj, jag förstår att läget är riktigt allvarligt, säger rösten i luren. Ni måste stoppa Sommarskuggan innan det blir värre.

– Men kommer ni inte hit och hjälper oss? undrar Lykke.

– Har ni sagt den magiska skuggramsan? frågar rösten.

– Ja, jo ..., medger Isak.

– Då är det för sent. Det är ni som också måste stoppa den. Ni är de enda rätta skuggjägarna!

Lykke och Isak lyssnar så intensivt på rösten

i luren att de inte märker att de svarta bollarna i bollhavet bakom dem börjar röra på sig.

– Ni vet vad ni måste göra, fortsätter rösten. Ta reda på vem Sommarskuggan är så att ni kan locka fram och fånga den. Så fort ni fått av dräkten förlorar skuggslemmet sin klisterkraft. Om inte Sommarskuggan har hittat sin utvalda förstås, för då kan dräkten aldrig mer tas av. Lycka till!

Samtalet bryts. Först då hör Lykke och Isak bollarna som rasslar och rullar bakom dem. De vänder sig sakta om och ser en lång, svart figur resa sig upp ur bollhavet. Trots nätet mellan dem blir Isak och Lykke alldeles geleiga i benen. De står bara ett par kliv från Sommarskuggan!

# KAPITEL 13

– Vad gör den? viskar Lykke utan att röra en min.

– Jag vet inte, viskar Isak lika stelt tillbaka.

– Var är mina paket?

– De kanske finns i bollhavet, andas Lykke.

Isak bröstar upp sig och laddar för att ställa den viktiga frågan till Sommarskuggan.

– Vem är du? stammar han fram.

Sommarskuggan stirrar på Isak och säger ingenting. Istället lyfter den långsamt ett finger och håller upp det framför munnen.

– Är det du, Samir? frågar Isak.

– Du kan göra tumme upp eller tumme ner, fyller Lykke i.

Sommarskuggan står helt stilla.

– Är det du, Rio? undrar Lykke.

Sommarskuggan fortsätter att stå helt stilla. Isak tar ett djupt andetag och frågar:

– Mamma, är det du?

Men Sommarskuggan rör inte ens ett morrhår. Lykke tittar på nätet runt bollhavet.

– Hallå! Den är fast, säger hon. Det finns ju ingen utgång!

Isak följer nätet med blicken och inser att Lykke har rätt. Sommarskuggan kan inte komma ut.

– Bra! säger han. Då måste vi bara få av dräkten.

– Men hur ska vi komma in då? säger Lykke och tittar på hålet i väggen där rutschkanan mynnar ut bakom Sommarskuggan.

– Vi måste hitta ingången till Rios rutschkana, säger Isak. Den måste finnas någonstans på väggen. Vi klättrar upp en gång till och kollar.

Tillsammans springer de bort till klättertornet bakom Hala Ålen. De klättrar upp genom de olika näten och tar sig vidare under krokodiltänderna, över repbron och genom zebratunneln. Sedan är de uppe vid väggen och de målade bollarna igen. Något är annorlunda. Lönndörren står på glänt.

– Va! Går bollen att öppna? utbrister Isak.

Bakom skymtar ett svart hål. Isak och Lykke har precis hittat vad de letar efter: ingången till Rios rutschkana.

– Här är den ju, säger Lykke och tittar in i det becksvarta hålet. Då åker vi, fortsätter hon sammanbitet och börjar klättra in.

Isak tar tag i hennes tröja.

– Nej, vänta, säger han och håller henne kvar.

Tänk om det finns skuggslem i den. Då kommer vi att fastna där inne. I mörkret.

– Ja, jo ... Men hur ska vi annars stoppa Sommarskuggan? Det är ju enda vägen ner till den.

– Vi kanske kan ta oss igenom skyddsnätet där nere, säger Isak.

– ISAK! LYKKE!!

– HJÄÄÄÄLP!

Isaks hjärta börjar bulta när han hör kompisarna som ropar. Det är bråttom.

– Okej, säger Isak och gömmer händerna under tröjan. Vi får chansa.

– Kom upp, säger Lykke som redan är startklar. Vi åker tåg ner.

Isak sätter sig bakom Lykke. Sedan ger de sig in i mörkret – mot Sommarskuggan.

– *Aaaaaaaiiihhhhhhhiii!*

Det svänger, snurrar och virvlar i en rasande fart. Isak håller hårt om Lykke medan de far fram. Han har aldrig åkt något liknande. Fjärilarna i magen får fnatt när de tumlar runt i den becksvarta tunneln.

Men snart blir det ljusare och till slut spottas de ut i bollhavet. Lykke tjuter av skratt och Isak av lättnad. Så kommer de på sitt viktiga uppdrag.

– Sommarskuggan! utbrister Isak och ser sig omkring. Den är borta …

– Eller inte, säger Lykke med spänd röst. Den kan också bara ha gömt sig.

Lykke tittar ut över de svarta bollarna. Det är omöjligt att se var, men någonstans där under måste den vara. Lykke tecknar åt Isak att vara tyst och pekar sedan ner i bollhavet. Han nickar och fattar precis vad de ska göra. De ska leta efter Sommarskuggan i det tysta. De ska överraska den. Om inte Sommarskuggan hinner före förstås …

# KAPITEL 14

Lykke och Isak sticker ner sina händer bland de svarta plastbollarna och börjar försiktigt gräva efter Sommarskuggan. De vadar sakta och känner sig fram, beredda på att stöta på den när som helst.

Jag undrar hur den känns, tänker Isak. Är den sträv eller mjuk? Varm eller kall?

Lykke fokuserar på sina händer och undrar vad hon kommer åt först: de lurviga fötterna, morrhåren, eller kanske handskarna?

Isak och Lykke gräver och gräver genom hela bollhavet. Flera gånger. Ändå hittar de ingenting.

– Den är borta, suckar Lykke.

– Ja, och kolla där, säger Isak och pekar mot ett uttänjt hål vid en av pelarna. Där smet den ut.

– Mm, det förklarar ju saken, säger Lykke.

– Då finns det bara en sak vi kan göra: fånga den. Först måste vi ta reda på vem det är, och sedan bygger vi en skuggfälla, säger Isak.

De plockar fram skuggledtrådarna igen.

– Locket fattar jag inte, säger Lykke, men jag vet en som har en säkerhetsnål.

– Vem då? undrar Isak.

– Samir, säger Lykke. Det där priset han skröt om var fastsatt med en säkerhetsnål på tröjan.

– Jag vet en till, säger Isak. Rio hade en massa saker i örat. En av dem var en säkerhetsnål.

– Ah, intressant, säger Lykke. Din mamma då? Har hon någon säkerhetsnål?

Isak blir tyst och tittar ner i bollhavet. Till slut kastar Lykke en boll på honom.

– Jo, säger han tyst. Mamma har massvis med säkerhetsnålar hemma vid sin symaskin. Hon brukar fästa ihop byxorna när de är för stora.

– Hm... Hennes överraskning är mjuk som en skuggdräkt och ligger inte kvar i sopsäcken, säger Lykke. Det är din mamma som är Sommarskuggan!

– Tror du? säger Isak som börjar bli snurrig. Vi måste hitta fler skuggledtrådar för att veta säkert.

– Då vet jag ett ställe vi kan gå till, säger Lykke, ett ställe där Samir, Rio och din mamma garanterat har varit. Kom!

Isak och Lykke tar jättekliv genom bollhavet, hoppar ut genom hålet och springer vidare till det lilla pentryt. De undersöker rummet noga. Någonstans där inne finns kanske en skuggledtråd som kan avslöja vem Sommarskuggan är.

– Jag tror jag vet, säger Lykke fundersamt.

– Ah! säger Isak. Nu vet jag också vem Sommarskuggan är! Kom så bygger vi en skuggfälla!

# KAPITEL 15

Leklandet är perfekt att bygga en skuggfälla i. Här finns allt: bollar att snubbla över, nät att trassla in sig i, tunnlar och gummiringar.

– Här är bästa platsen, säger Isak och ställer sig som ett spjut. Nu ska Sommarskuggan åka fast!

– Är du säker på det? säger Lykke och tittar snett bakom honom. Det är skuggslem på golvet. Där, mitt i gången.

Isak studsar till.

– Oj, det var nära, säger han och ställer sig bakom Lykke. Vi får akta så att ingen av oss fastnar i det.

De ser sig noga för när de knyter fast lianer i näten och bygger snubbelhinder av bollar framför studsmattorna. Till slut plockar Lykke fram den viktiga saken som ska locka fram Sommarskuggan.

Isak avslutar med att rulla fram två stora bollar som de kan gömma sig bakom. Han knuffar båda

bollarna framför sig och försöker hålla ihop dem. Men så råkar han putta till den ena väl hårt. Jättebollen får fart och rullar iväg. Isak springer efter utan att tänka sig för. Då händer det som inte får hända.

*Splosch!*

– Neeeej! skriker Isak och kniper ihop ögonen när han inser att han just trampat i skuggslem.

– Hur gick det? frågar Lykke och kastar sig ner mot hans fot. Hon drar i den men det är lönlöst.

Isak skrynklar ihop munnen.

– Men nu har jag förstört hela skuggfällan! Jag kan ju inte stå här när Sommarskuggan kommer.

– Då får jag väl flytta på fällan, säger Lykke och börjar lossa på nätet.

I samma sekund ser de något svart svepa förbi en rutschkana. Lykke släpper det hon håller på med.

– Den är här, viskar hon utan att röra en min.

– Göm dig! viskar Isak och pekar mot en av de stora bollarna.

– Men du då? säger Lykke. Jag kan ju inte lämna dig här.

Plötsligt smäller det till i en rutschkana så att det ekar i leklandet. Några sekunder senare kommer en till smäll. Sedan en till. Varje gång lite närmare. Isak viftar vilt med armarna och mimar till Lykke. Hon läser på hans läppar.

– *Göm dig! Den kommer!*

Lykke slänger sig ner bakom den ljusblå bollen men håller ändå upp huvudet för att se vad som händer.

Isak vrider och vänder på sig för att se bättre. När som helst kommer Sommarskuggan att dyka upp. Nu kan allting hända.

I nästa ögonblick ser han den. Den står på andra sidan skuggfällan. I ena handen håller den en hink fylld med skuggslem.

Åh nej, den kommer att hälla skuggslemmet över mig! Isak tänker på hur klibbigt, kladdigt, geggigt och äckligt det ska bli. Nu är skuggslemmet kliststrigt också. Hur blir det då när man får det över sig? Tankarna rusar genom Isaks huvud, samtidigt som Sommarskuggan långsamt går mot honom.

Den tunga hinken smäller i allt som kommer i dess väg. Snart ska Isak bli fullständigt skuggslemmad. Han biter nervöst på sina naglar medan han följer Sommarskuggans minsta rörelse. Så inser han vad som är på väg att hända. Sommarskuggan går visserligen mot honom, men den är också på väg rakt in i skuggfällan. Den tar ett steg till och så …

Allt blir bara ett enda stort trassel. Sommarskuggan fäktar med armarna och sparkar med sina ludna fötter, men ju mer den kämpar, desto hårdare sitter den fast.

Puh! Isak andas ut. Han slapp bli skuggslemmad, för nu är Sommarskuggan äntligen fångad!

# KAPITEL 16

Isak och Lykke stirrar på de gula ögonen och de långa morrhåren som sticker ut genom nätet. Sommarskuggan sitter hopkrupen på golvet. Den vet att det är färdigbusat. Isak vill springa fram men hans fot är fortfarande fastklistrad i skuggslemmet.

– Lykke, fort! säger han. Ta av dräkten så att skuggslemmet slutar vara som klister.

Lykke går fram till Sommarskuggan. Den är så stor att hon är tvungen att titta upp mot den, trots att den sitter ner.

– Jag måste ta av nätet först, säger hon och lossar det försiktigt.

Sedan tar hon tag i det stora huvudet och försöker lyfta av det.

– Hoppas bara det går, säger Isak och håller tummarna så hårt att de blir alldeles vita.

Han vill inte stå fastklistrad i skuggslem resten av sitt liv. Lykke stånkar och drar så mycket hon kan.

– Gah, det går inte, pustar hon.

– Testa att dra uppåt, sedan åt sidan, föreslår Isak.

Hjärtat bultar fort. Nu gäller det.

– Jag är för kort, säger Lykke, som ändå står på tå. Eller tänk om …

– Tänk om vadå? säger Isak oroligt.

– Äh, det var inget, säger Lykke.

– Nej, den får inte vara fulländad, säger Isak. Det måste gå! Ställ dig på den där.

Isak pekar på en kub bakom Lykke. Hon drar fram kuben och hoppar upp på den. Sedan tar hon ett nytt grepp och drar allt hon kan. Då släpper något, huvudet lossnar och hela tyget följer med. Snart får de se vem som gömmer sig i dräkten. Någon fäktar med armarna under tyget och det klirrar till på golvet.

– Mög också! säger en röst. Inte nu igen.

Lykke plockar upp en liten silverring och

sträcker fram den till personen framför henne.

– Hej Rio, säger hon. Du råkade visst tappa den här.

– Tack, säger Rio och sätter tillbaka ringen i näsan. Sedan sjunker hon ihop till en boll.

– Förlåt, säger hon ångerfullt. Jag hade ingen aning om dräktens starka buskrafter. Isak, du ska få tillbaka dina presenter och allt kalasgodis. Hur visste ni förresten att det var jag?

– Först trodde vi att rutschkanan var din överraskning, säger Lykke.

– Så hittade vi en säkerhetsnål, och du hade en säkerhetsnål i örat, säger Isak.

– Men Samir hade också en säkerhetsnål på sin rosett, och Isaks mamma hade en i sina stora byxor, fortsätter Lykke.

– Vi behövde något mer, säger Isak. Locket vi hade hittat i skuggkistan gick inte att koppla till någon av er tre. Inte förrän vi hittade en vattenflaska som den passade till. Då var vi säkra!

Rio lutar sig fram och vänder upp örat.

– På flaskan finns en rosa flamingo, säger Isak.

– Och det finns bara en person som älskar flamingor så mycket att den till och med har en flamingotröja på sig, säger Lykke.

– Så är allt rosa också, fyller Isak i. Flamingon, locket och din tröja.

Rio tittar ner på sin tröja.

– Det var som tusan, säger hon häpet och klappar flamingon på magen. Snyggt jobbat!

Isak och Lykke gör en high five.

– Men det fanns faktiskt en till ledtråd som ni har missat, säger Rio med lurig blick.

– Vilken då? säger Lykke.

– Kommer ni ihåg när ni kom till bollhavet precis när jag åkt ner för min rutschkana? Jag viftade med armarna och sparkade med fötterna så att bollarna flög.

Isak och Lykke nickar.

– Jag hade gömt skuggdräkten i bollhavet och var rädd att ni skulle se den, säger hon. Delar av

dräkten syntes så jag sparkade upp massor med bollar för att dölja den.

– Ahhh, lägg av, säger Lykke och slår sig för pannan.

– Det tänkte vi aldrig på, säger Isak. Vi tittade bara på rutschkanan!

Isak har inte flyttat på sig en enda gång sedan

skuggdräkten åkte av Rio. Han står kvar på samma plats.

– Men ..., säger Lykke och pekar på Isaks fot som fortfarande sitter fast i skuggslem. Borde inte förtrollningen vara bruten nu?

# KAPITEL 17

Isaks hjärta börjar bulta häftigt. Skuggslemmet borde ha tappat sin klisterkraft. Han vickar försiktigt på foten som är täckt av kallt, mjukt, klibbigt skuggslem. Först glider den runt och sedan, med ett *sploff*, kan han lirka upp den.

Han är fri! Snart kommer alla kompisar springande från olika delar av leklandet.

– Vi kom loss, ropar Alba och visar upp sin kladdiga fot.

Alla är tillbaka förutom en. Lykke ställer sig på kuben igen och ser sig omkring.

– Men hallå! Var är Povel? säger hon.

– Han är bara på toa, säger Alba. Han kommer strax!

Lykke andas ut. Förtrollningen är verkligen bruten.

*BANK, BANK, BANK!*

– Just ja, dörren! utbrister Rio och letar efter något i skuggdräkten.

Hon plockar upp en nyckel.

– Jag måste släppa ut Samir och din mamma, säger Rio och rusar iväg.

Strax efteråt dyker Samir upp.

– Kolla vad jag har! säger han och håller fram en skuggtårta mot Isak.

Bakom Samir tassar en figur som ser ut som Sommarskuggan, fast mindre. Den smyger fram och börjar kittla Isak så att han nästan tappar andan.

– Det är bara jag, säger Isaks mamma och lyfter på sin hemmagjorda skuggdräkt.

*TUT TUT TUT!*

En lastbil från SVT Barn sladdar högljutt in på parkeringen utanför leklandet. In stormar Struts, SVT Barns främste skuggkistvakt. Det är Chefen som har skickat dit den.

– Den är här för att hämta skuggdräkten, säger Isak och tar Lykke i handen.

Tillsammans bär de bort skuggdräkten till kistan och lägger ner den försiktigt.

– Tack för att du kom till mitt kalas, säger Isak och klappar morrhåren. Även om jag fastnade i ditt skuggslem.

– Ja, det var tur att du inte hittade din utvalda, säger Lykke och rättar till de yviga ögonfransarna. Nu blir det inget mer bus.

De stänger igen kistlocket och hjälper Struts att rulla ut skuggkistan på parkeringen. Alla kompisar, Rio, Samir och Isaks mamma följer med.

Isak och Lykke baxar den tunga skuggkistan uppför en liten ramp och rullar in den i lastbilen. Struts spänner fast kistan med remmarna, hårt så att den inte ska rulla iväg igen. Sedan smäller den igen de rostiga dörrarna till lastutrymmet. Innan Struts hoppar in i förarsätet ger den ett brev till Isak och Lykke.

Medan de läser brevet känner Isak och Lykke hur Struts trär något över huvudet på dem.

– Wow, säger Isak. Ett par egna superglajer!

– Jag undrar om man verkligen kan se i mörkret med dem, säger Lykke och drar ner dem över ögonen.

Under tiden hoppar Struts upp i förarsätet. Den vrider om nyckeln och slänger sig på gaspedalen. Den lilla lastbilen kör iväg.

– Hej då Sommarskuggan! ropar Isak, Lykke och alla barnen på skuggkalaset.

En lång stund står de kvar och vinkar medan Struts och skuggdräkten lämnar staden med utsikt över Danmark.

– Nu blir det tårta! säger Samir.

– Jag vill höra allt som Sommarskuggan gjorde! säger Isaks mamma.

– Sedan blir det presentöppning och fiskdamm, säger Rio.

Alla går in till leklandet igen och fortsätter med skuggkalaset. Det måste vara århundradets absolut bästa, enligt Isak, Lykke och deras kompisar.

*

Många, många mil bort …

Struts kör norrut, långt och länge på knaggliga vägar. Det här är väl inga konstigheter, tänker den och skruvar upp radion på högsta volym. Men även Struts kommer att visa sig vara en usel skuggkistvakt …

Samtidigt, i staden som håller på och flyttar, har Agnes och Ailo precis hittat en magisk ramsa som de säger högt tillsammans.

*Skugg, skugg, Sommarskuggan …*

SVT•123

När fyller du år?

# SKUGGTÅRTA

DU BEHÖVER:

1 paket tårtbottnar (3 lager)

1 dl valfri sylt

3 dl marsankräm (från pulver)

3 dl fast vispad grädde

1 paket färdigkavlad marsipan (finns i olika färger), färgad marsipan eller marsipan och karamellfärg

ev majsena till kavling

DEKORATION:

färgad marsipan eller sockerpasta

godis, strössel, tårtgelé, sockerpasta

GÖR SÅ HÄR:

1. Fördela sylt, kräm och grädde jämnt över bottnarna i följande ordning: tårtbotten, sylt, tårtbotten, marsankräm, 2 dl av grädden, tårtbotten.

2. Stryk ett tunt lager med resten av grädden på och runt hela tårtan med hjälp av en slickepott eller en stekspade. Det ska fungera som klister att fästa marsipanlocket i.

3. Kavla ut marsipanen till en platta. Det finns flera knep för att den inte ska fastna på kaveln: du kan kavla marsipanen mellan två ark plastfolie, eller pudra lite majsenamjöl över den. Marsipanplattan ska vara 15 cm bredare än tårtan.

4. Lyft försiktigt upp marsipanplattan och lägg den över tårtan. Släta försiktigt ut marsipanen och försök sträcka den, samtidigt som du trycker fast den mot sidan på tårtan. Skär loss överflödig marsipan längst ner.

5. Och nu till det roliga: dekorationen!
   Kavla ut figurer i färgad marsipan och dekorera tårtan. Fäst dem genom att fukta baksidan med lite vatten eller äggvita. Vill du göra figurer som står upp på tårtan – stick en okokt spagetti genom figuren och stick sedan ner den andra änden i tårtan. Använd också godis, strössel, tårtgelé, sockerpasta och framför allt – din fantasi!

**TACK FÖR ALLA FINA BILDER PÅ SKUGGTÅRTOR!**

@cakebymaddy, @elin755, Anna-Carin Wikberg på Hans på Hörnet, Anna-Lill Karlberg, Bettans Bakery, Cake n' Create, Cakes By Anna G, Christina Svensson, Eva Nordin Silén, Hobbytårtan, ICA Maxi Hälla, Jeanettes Kök, Kate Bramley-Moore, Knivsta Bageri & Konditori, Kosterheds Konditori, Malin Hovde, Mikaela Jakobsson på Vestergårds grafiska, Millan Jönsson, Nathalie Sandström på Tårteri Nathalie, Signes Konditori, Ulla Viklund